Stefan Reutter

Lebenskunst macht Glück

Wie Sie gelassen und voller Energie wirksam werden

INHALT

LEICHT LEBT

SICH'S BE²SER

LEICHT LEBT SICH'S BESSER

„Ist der Ruf erst ruiniert, lebt sich's leicht und ungeniert ..." – ja, das wäre es doch. Dann leben Sie leicht und unbeschwert in den Tag hinein.

Oder doch nicht? Vielleicht ist in dem „Besser-leben-Cocktail" doch weniger von der Zutat „Nach mir die Sintflut" drin, als es der Spruch vermuten lässt. Ich denke: Sie brauchen Ihren guten Ruf nicht aufs Spiel setzen, um leichter zu leben. Um besser zu leben. Sparen Sie sich die Katerstimmung, setzen Sie auf einen leichten Genuss.

Für Ihren persönlichen „Besser-leben-Cocktail" schlage ich Ihnen eine andere Rezeptur vor.

Vor Freude strahlen

‚Ein Psychologenteam der finnischen Aalto Universität unter der Leitung von Lauri Nummenmaa hat ein einfaches Computerexperiment durchgeführt mit 700 Freiwilligen.

Es hat herausgefunden, dass wir Emotionen in bestimmten Körperregionen verorten und sie auch dort empfinden. In diesem Experiment wurden grundlegende Emotionen (Psychologen sprechen von Basisemotionen, wie zum Beispiel Wut und Trauer, und komplexeren Emotionen, wie zum Beispiel Liebe und Stolz) genauer unter die Lupe genommen und es stellte sich heraus: Unsere Gefühle spiegeln sich auch in körperlichen Wahrnehmungen wider: Angst tut uns weh, Freude löst im ganzen Körper positive Aktivität aus.

Überraschend war für mich, dass dies über verschiedene Kulturen hinweg gleich war. Ich will mal exemplarisch zwei Emotionen genauer darstellen: Freude und Depression:

Freude löst im ganzen Körper Aktivität aus, während Depression den gegenteiligen Effekt hat: Unsere Aktivität im Körper ist extrem herabgesetzt. Es ist eine Art Kältegefühl, eigentlich ein Erstarren.

Das Ergebnis zeigt, dass unser emotionales System im Gehirn Signale an den Körper sendet. Das Nervensystem erhöht den Sauerstoff in den Muskeln und erhöht die Herzfrequenz, so dass wir besser mit Herausforderungen umgehen können. Das ist ein völlig automatisiertes System. Wir müssen nicht darüber nachdenken.

Das Spannende für mich ist, dass der Mensch in der Freude am meisten bei sich ist. Der Mensch spürt sich in der Freude am meisten. Er kann in der Freude auch andere Menschen inspirieren.

Und das finde ich das wirklich Krasse an diesem Experiment.

Freude ist also die Hauptzutat Ihres „Besser-leben-Cocktails": Wenn Sie Freude nur denken, den Gedanken „Freude" wirklich ganz an sich heranlassen, dann löst das in Ihrem Körper eine Aktivität aus. Denken Sie Freude, dann bringen Sie sich in einen freudigen Zustand.

Denken Sie Freude, um Freude zu leben!

Leichter leben

Wenn das so einfach ist, warum machen das nicht schon viel mehr Menschen? Weil wir verlernt haben, was für uns Freude bedeutet, sie wirklich zu denken und ihr Raum zu geben.

Der Fokus vieler Menschen ist eben nicht auf die Freude gerichtet, sondern auf das, was schiefläuft. Auf das, was nicht gut in ihrem Leben ist oder nicht gut an dem, was ihnen begegnet. Das Leben ist schwer, weil es so viele Probleme gibt: Corona, Krieg, beruflicher Stress, Stress in der Beziehung. Das Leben ist schwer, weil Sie sich selbst Stress machen. Weil Ihre Ansprüche an Sie selbst vielleicht so hoch sind oder Sie die Ansprüche anderer an Sie so ernst nehmen. Das Leben ist schwer, weil dieser oder jener es Ihnen schwer macht.

Diese Fokussierung auf die Dinge, die schwer und ohne Freude sind, sorgt dafür, dass Sie „Freude" nicht wirklich denken und dadurch auch nicht empfinden können. Die Kunst besteht nun darin, diesen Fokus zu ändern.

Diesen inneren Switch hinzubekommen, für den es schon etwas Übung braucht.

Was ich unter Lebenskunst verstehe, bedeutet: zu erkennen, was mir mein Leben schwer macht – und zu erkennen, was ich aus einer solchen Situation an Freude für mich herausziehen kann.

Entwicklung macht Freude

Ich bin mir sicher: Alles, was uns im Leben begegnet, geschieht für uns und für unsere Entwicklung, auch wenn es manchmal nicht danach aussieht. Und deswegen ist auch unser Kopf, wie ich es gerne sage, rund: Damit unser Denken die Richtung ändern kann.

Der Fokus auf die Entwicklung, auf das, was Sie heute vielleicht besser machen als gestern, auf das, wofür Sie dankbar sein können in einer Situation, sorgt eben für eine Entwicklung, die Freude macht.

Lassen Sie diese Freude zu, denken Sie bei allem, was Ihnen widerfährt, was sich daran in Freude ausdrücken lässt – Freude, dass Sie leben, dass Sie sich entwickeln, dann werden Sie Ihr Leben als leichter empfinden. Dann werden Sie erleben, dass schon diese Grundzutat für einen prickelnden „Besser-leben-Cocktail" sorgt. Was noch hineinkommt in diesen Cocktail? Davon erzähle ich Ihnen in den folgenden Kapiteln.

ANDERE BEGEISTERN HEISST DICH SELBST BEGEISTERN

ANDERE BEGEISTERN HEISST DICH SELBST BEGEISTERN

Stellen Sie sich bitte einen Ball vor. In Ihrer Lieblingsfarbe. Schön rund und prall. Und dann malen Sie in Gedanken ein lachendes Gesicht auf diesen Ball.

Warum? Weil das für Sie ein guter Anfang ist, um dann später in einem Meeting, bei einer Präsentation, mit einem Vortrag Ihr Team, Ihre Kollegen, Ihre Vorgesetzten – kurz, Ihr Publikum zu begeistern.

Sie sind für die kommende Präsentation top vorbereitet. Sie wissen genau, was Sie sagen möchten. Sie haben an Ihren Worten gefeilt. Alles perfekt. Doch: Was denken Sie, bevor Sie für einen Vortrag auf die Bühne gehen? Oder bevor Sie in einem Meeting Ihrem Team etwas Wichtiges mitteilen?

Viele Teilnehmer meiner Seminare, bei denen es darum geht, andere Menschen zu begeistern, schildern diese Sekunden vor einem Auftritt so: „Puh, mir ist so warm. Hoffentlich schwitze ich nicht." – „Ich bin so nervös, was, wenn meine Hände zittern? Meine Stimme flattert?" – „Ich hätte doch noch diese Grafik reinnehmen sollen. Mist. Das habe ich vergessen!" – positive Gedanken „sehen" anders aus. Dabei sind die fünf Sekunden vor so einem Auftritt entscheidend: Sie können noch so gut vorbereitet sein. Wenn Sie nicht positiv denken, wird der Auftritt auch nicht positiv.

Sie müssen in einem guten Zustand sein, um so gut abzuliefern, dass Sie Ihre Leute begeistern.

Entscheiden Sie selbst, wie begeisternd Sie sind!

Fünf Minuten, um zu begeistern

Diesen guten Zustand können Sie selbst herstellen. Dafür ist die Übung mit dem Ball und dem Gesicht gut: Ich mache diese Übung jeden Tag, bevor ich aus dem Bett steige. Ich liege also da, stelle mir einen schönen Ball in meiner Lieblingsfarbe mit einem lachenden Gesicht drauf vor. Mit diesem imaginären Ball scanne ich nun meinen Körper. Ich lache meine Zehen an.

Ich lache mein rechtes Bein an. Dann mein linkes. Wenn ich merke, oh, da bin ich ein wenig verkrampft oder dort tut es vom Stress des Vortages noch ein wenig weh, dann bleibe ich an diesen Stellen länger. Lache die Stelle und mich an. Und ich sage Ihnen, das funktioniert: Klar. Mittlerweile habe ich in dieser Übung auch Übung – lache mir meine Verspannungsschmerzen weg und komme in einen guten Zustand.

Ich komme so in eine gute Stimmung – und so ergänzt diese Übung super meinen Vorschlag aus dem vorherigen Kapitel, den Fokus auf die Freude zu legen. Freude zu denken. Weil Sie so ganz praktisch daran arbeiten, die Voraussetzung dafür zu schaffen, die Menschen zu begeistern.

Mit diesen fünf Minuten täglich üben Sie sich darin, „Ja!" dazu zu sagen, dass Sie es selbst in der Hand haben, in einen guten Zustand zu kommen. Für mich ein entscheidender Aspekt der Lebenskunst: Sie sagen „Ja!" zu dem Vertrauen, dass alles gut ist. Sie sagen „Ja!" zu einer Haltung, die sagt: „Ja, ich selbst bin verantwortlich für mein Leben und Wirken und meinen Erfolg!" Sie sagen „Ja!" dazu, dass Sie sich selbst begeistern.

Und wenn Sie diese Übung auch in den Sekunden vor einem Auftritt machen, um in einen guten Zustand zu kommen, indem Sie das lachende Gesicht nutzen, um positive Bilder in sich selbst zu kreieren, dann werden Sie auch positiv und in guter Stimmung vor Ihre Leute treten.

Sie entscheiden selbst, wie begeisternd Sie sind.

RICHTIG PERFEKT

IST RICHTIG

DANEBEN

RICHTIG PERFEKT IST RICHTIG DANEBEN

Mir hat es schon die ganze Zeit in den Fingern gekribbelt, diesen Gedanken hinzuschreiben, diesen Namen zu verwenden: Aber jetzt denke ich, ist der perfekte Moment dafür gekommen:

„Die Dosis macht das Gift!", so schrieb Paracelsus, der Forscher und Begründer einer neuen Heilkunde. Und wenn es um Perfektion geht, dann stimmt das dreimal.

Eins: Perfektion ist kein freudvolles Ziel

Ich liebe es, wenn Menschen einen hohen Anspruch an sich selbst haben. Ich steh auf gute Leistung. Ich liebe es, wenn Menschen die Dinge, die sie machen, sehr gut machen wollen. Wenn jemand eine anspruchsvolle Vision von sich hat, sein Leben kunstvoll leben möchte, darauf steh' ich: Aber wenn der hohe Anspruch bedeutet, perfekt sein zu wollen. Wenn nicht die kleinste Abweichung von der Vision erlaubt ist, wenn fünf

Millimeter neben der Spur nicht tolerierbar sind, dann ist es vorbei mit meiner Liebe: Denn zu viel ist eben zu viel des Guten. Und zu viel Anspruch Perfektion also, sorgt in so einem entscheidenden Maße für ein Zuwenig an Lebensfreude, dass ich „Nein zur Perfektion!" sage.

So viele Menschen haben Probleme mit ihren eigenen Ansprüchen oder den Ansprüchen, die andere an sie haben, dass das Streben nach Perfektion einen Druck bedeutet, der den Kessel explodieren lässt. Der Körper verkrampft sich und aus Krampf entsteht Kampf.

Der Anspruch, alles perfekt zu machen, sorgt dafür, dass Sie ständig mit sich selbst im Clinch sind, ständig werden Stresshormone ausgeschüttet. Alle Leichtigkeit geht flöten. Freude macht so ein Leben nicht.

Zwei: Wer perfekt sein will, sagt ständig Nein!

Ich habe es Ihnen ja schon geschildert, wie wichtig ein positives Selbstgespräch ist, auch für den Erfolg. Wenn Sie aber vor lauter Perfektionsanspruch verkrampft sind, dann sind Sie ständig in einem negativen Selbstgespräch.

So erging es einem jungen Fußballspieler vor vielen Jahren: Er wollte das perfekte Spiel spielen – denn da saß der Bonhof auf der Tribüne, der ihn vielleicht in den Kader der U18 holen würde. Dieser junge Kerl dachte deshalb ständig: ‚Ich darf keinen schlechten Ball spielen. Nein, ich darf keinen Fehlpass riskieren.' Dass der so dachte, weiß ich ganz sicher, denn dieser junge Fußballspieler war ich selbst. Und ich blieb in diesem Spiel weit unter meinen Möglichkeiten, weil ich im Krampf-und-Kampf-Modus war. Nicht gut.

Auch wenn ich das Glück hatte, dass mich Rainer Bonhof trotzdem nominierte: Mit diesem Perfektionismus bremste ich mich viele Jahre selbst aus.

Ich habe erst später erfahren und erlebt, warum es für meinen persönlichen Erfolg und die Freude am Leben so wichtig ist, nicht zu perfekt sein zu wollen.

Ganz ehrlich: Perfektion will keine Sau sehen!

Drei: Wer mag schon perfekte Menschen?

Vor rund 50 Jahren entdeckte der US-amerikanische Psychologe Elliot Aronson in einem Experiment den sogenannten Pratfall-Effekt: Dieser besagt, dass eine angesehene Person, wenn ihr kleine Missgeschicke passieren, sympathischer wird. Menschen, die zu perfekt wirken, wirken nicht sympathisch. Erst ein kleines Missgeschick lässt sie einnehmender auf andere Menschen wirken.

Ich habe das lange nicht verstanden: So habe ich mich bei meinen Vorträgen immer um die totale Perfektion bemüht. Konnte anderthalb Stunden wie gedruckt reden, hatte den ganzen Text im Kopf, konnte den inszenieren. Super. Aber ich erreichte die Menschen damit nicht so, wie ich es mir wünschte. Ich erzeugte nicht die Resonanz, die möglich gewesen wäre. Weil ich zu perfektionistisch war.

Erst als ich begann, ganz natürlich mit meinen Fehlern zu leben und mir auch den Raum gab, innerhalb der Struktur freier zu agieren, da klappte das immer besser mit der Resonanz.

Und wenn ich heute merke, dass es zu perfekt läuft, dann erlaube ich mir auch bewusst, kleine Fehler zu machen. Und ich lernte Paracelsus' Dosis-Erkenntnis als Teil meiner persönlichen Lebenskunst zu erfahren: Es ist die schönste Kunst, die Balance zu finden zwischen dem hohen Anspruch, den ich an mich selbst habe, und dem Wissen, dass ich dafür nicht perfekt sein muss. Ich lebe mein bestes Ich in aller Leichtigkeit.

Diese Balance ist richtig perfekt, weil sie auf die richtige Weise daneben ist. Die richtige Dosis von allem eben.

Tausche

(UN-)
SICHERHEIT
GEGEN

TAUSCHE (UN-) SICHERHEIT GEGEN LEBENSFREUDE

Kürzlich war ich als Redner bei einer großen Veranstaltung eingeladen. In der Pause reihte ich mich in die Schlange vor der Kaffeestation ein. Vor mir standen ein Mann und eine Frau ungefähr in meinem Alter, die sich unterhielten.

Er: „Es wird immer schlimmer. In unserer Branche kann man sich auf nichts mehr verlassen. Die Kunden wollen immer mehr, die Geschäftsleitung kommt jede Woche mit Veränderungen, die Mitarbeiter drehen durch."

Sie erwiderte nickend: „Das ist bei uns auch so. Und dann auch noch Corona, Ukraine, Inflation und so weiter. Es ist wirklich nichts mehr sicher."

Sie waren inzwischen bei der langen Tischreihe mit den aufgestapelten Tassen angekommen. Er griff nach zwei Tassen, hielt ihr eine davon hin und seufzte: „Macht keinen Spaß mehr!" Sie nahm die Tasse, hielt sie unter den bereitgestellten Kaffeautomaten, drückte den Knopf für Cappuccino und bekräftigte, während der Milchschaum in die Tasse lief: „Nee, echt nicht!"

Und ich dachte mir: ‚Die beiden haben recht: Die Unsicherheit nimmt zu, vieles wandelt sich zutiefst. Und daran wird sich so bald auch nichts ändern. Aber warum lassen sie sich dadurch die Lebensfreude nehmen?'

Lebensfreude dank Neuem

Dazu gibt es ein Zitat von dem Schriftsteller Leo Tolstoi, das ich richtig gut finde:

„Wenn uns etwas aus dem gewohnten Gleise wirft,
bilden wir uns ein, alles sei verloren;
dabei fängt nur etwas Neues, Gutes an."

(Leo Tolstoi)

Die ersten beiden Zeilen geben die Stimmung wieder, die ich bei vielen wahrnehme: Die vielen Veränderungen führen zu einem Verlust an Sicherheit. Ein Gefühl der Unsicherheit macht sich breit – und das ist auch normal. Denn nicht sicher zu wissen (oder nicht glauben, sicher zu wissen), was kommt, macht nun mal unsicher.

Daraus aber ein schlechtes Gefühl zu ziehen – das muss nicht sein! Und das steckt in der letzten Zeile Tolstois. Denn es fängt etwas Neues an.

Lebensfreude ohne Sicherheit

Die Sicherheit im Außen, so wie sie sich viele wünschen, dass alles so bleibt, wie es ist – das war einmal. Die gibt es nicht mehr. Die Welt ist einfach nicht vorhersehbar. Darüber können Sie verzweifeln und vergeblich versuchen, der Veränderung auszuweichen.

Oder Sie können sich eine andere Sicherheit aufbauen. Eine, die nicht vom Außen abhängig ist, sondern von innen kommt. Eine, die Sie aufbauen und bewahren können, egal was passiert. Die es Ihnen ermöglicht, bei aller Unsicherheit, die Sie erleben, dennoch voll Lebensfreude zu bleiben. Das ist die Lebenskunst, die Tolstoi meint.

> „Sicherheit höherer Ebene"
> ermöglicht Ihnen Lebensfreude
> in unsicheren Zeiten.

Ich nenne dies liebevoll die „Sicherheit höherer Ebene".

Lebensfreude mit Sicherheit höherer Ebene

Der Trick dabei ist nicht, so zu tun, als würden Sie über aller Unsicherheit stehen und sich von keiner noch so tiefgreifenden Veränderung erschüttern lassen. Sorry, das funktioniert leider nicht, zumindest dann nicht, wenn Sie keine Maschine sind.

Der Trick ist viel mehr, dass Sie den Umgang mit Unsicherheit üben. Sie trainieren.

Indem Sie sich bewusst immer wieder Neuem und Ungewohntem aussetzen. Sie probieren unbekannte Sportarten aus, wagen es, blutiger Anfänger zu sein und keine Ahnung zu haben. Sie suchen Kontakt zu Zirkeln, in denen Sie keinen Menschen kennen. Sie wagen neue Erfahrungen auf allen Ebenen.

Durch dieses Training werden Sie quasi doppelt belohnt.

Lebensfreude hoch zwei

Erstens werden Sie während Ihres Trainings Aktivitäten, Menschen, Erkenntnisse entdecken, die Sie bereichern und Ihnen Freude machen. Die wären Ihnen andernfalls immer entgangen.

Zweitens gewöhnen Sie sich an die Unsicherheit, die Sie immer dann empfinden, wenn Sie etwas zum ersten Mal machen oder noch keine Routine haben in dem, was Sie tun. Die Unsicherheit macht Ihnen dann auch keine Angst mehr, denn Sie haben es geübt und erlebt, dass Sie mit der Veränderung klar kommen – und sogar Freude daran finden.

Sie werden richtig neugierig, was wohl als Nächstes kommt: welches Neue, welches Gutes. So wie der Lebenskünstler Tolstoi das sagt.

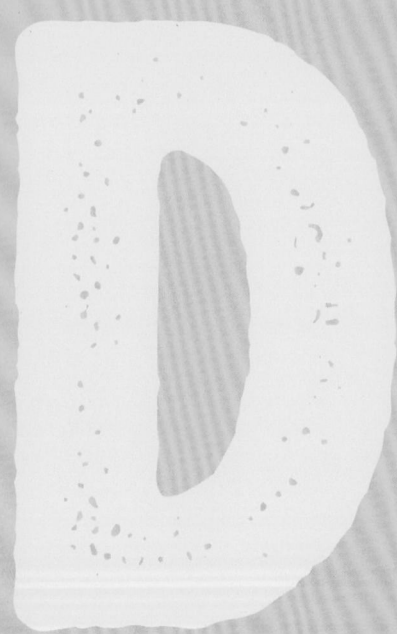

KANNST
DU
VERGESSEN

DRUCK KANNST DU VERGESSEN

Das Gefühl, unter Druck zu stehen, ist eine spannende Sache. Es kann sowohl von außen erzeugt sein, weil Ihr Chef Sie zum Beispiel mit Aufgaben überschüttet, weil die Umsatzzahlen Ihres Unternehmens in den Keller rauschen oder gleichzeitig sowohl Ihre Familie als auch Ihre Kollegen auf der Matte stehen und dringendst etwas von Ihnen brauchen.

Der Druck kann aber auch aus Ihnen heraus entstehen: Weil Sie zum Beispiel alle Ihre Aufgaben unbedingt perfekt erledigen oder Sie es auf jeden Fall allen recht machen wollen. Sie erzeugen Ihren Druck von innen heraus.

Druck in Maßen ist auch nichts Schlechtes. Früher in der Jugend-Auswahl des VfB Stuttgart hieß es immer: Unter Druck entstehen Diamanten. Da ist etwas dran.

Doch ein Zuviel an Druck nimmt Ihnen die Lebensfreude und auch die Leistungsfähigkeit. Deshalb will ich Ihnen eine Methode an die Hand geben, wie Sie sich von Druck entlasten können.

Druck vs. Leistung

Kürzlich traf ich eine Führungskraft wieder, die ich schon länger kenne. Er erzählte mir, wie schwierig es gerade bei ihm im Geschäft läuft, hielt kurz inne und fügte dann hinzu: „Stefan, weißt du noch, was du im Kapitel 17 deines Buches ‚Gut, dass es dir schlecht geht‘ geschrieben hast?"

Von seiner Frage überrascht antwortete ich: „Ja, weiß ich. Da geht es darum, dass man seine eigene Geschwindigkeit entdecken soll."

„Genau", er nickte. „Ich glaube, das ist gerade mein Problem: Ich lebe außerhalb meines eigenen Rhythmus."

Ich fand seine Diagnose erstaunlich hellsichtig. Er war tatsächlich in einen klassischen Teufelskreis geraten. Das geht oft ganz schnell.

Druck vs. Rhythmus

Er fühlte sich durch seine beruflichen Herausforderungen und seinen eigenen Anspruch an das Leben, die Familie und die Arbeit so unter Druck, dass er sich auf einen Arbeits- und Lebensrhythmus eingelassen hatte, der nicht seiner war. Deshalb gelang ihm nichts mehr. Denn nur wenn Menschen in ihrem Rhythmus leben, schwingen und arbeiten, sind sie wirklich gut.

Ich erinnere mich immer wieder gerne daran, wie ich vor vielen Jahren vor dem Schaufenster eines Antiquitätenladens stand. Im Raum dahinter war ein Mann in seine Restaurierungsarbeit an einem wunderschönen alten Tisch vertieft. Er arbeitete hoch konzentriert, doch gleichzeitig völlig entspannt. Seine Bewegungen waren sparsam und präzise. Er arbeitete ohne eine Spur von Hektik. Während ich eine Weile zuschaute, bemerkte ich, wie schnell er trotzdem vorankam. Ein Bild von unglaublicher Ruhe und Kraft.

Dieser Mann agierte im Einklang mit seinem Rhythmus. Druck konnte ihm nichts anhaben.

Finden Sie Ihren Rhythmus!

Wenn Sie sich vom Druck erdrückt fühlen, empfehle ich Ihnen das, was ich auch meiner befreundeten Führungskraft empfohlen habe: Machen Sie sich auf die Suche nach dem Rhythmus, der Ihnen entspricht. Dann kommen Sie raus aus dem Druck und zurück in die Energie, die Sie sich wünschen und die Sie vorher ausgezeichnet hat. So gelingt Ihnen wieder viel mehr. Ihre Lebensfreude kehrt zurück.

Im eigenen Rhythmus leben ist Lebenskunst pur.

Allerdings kommen Sie nur in Ihre Kraft, wenn Sie sich von unten an Ihren inneren Rhythmus „herantasten". Von unten – niemals von oben! Sie können Ihre Zeit nicht finden, indem Sie noch mehr Gas geben und Druck machen. Fahren Sie Ihr Tempo erst komplett herunter, entschleunigen Sie Ihr Leben, um es dann ganz langsam wieder zu steigern, solange bis es passt. Vielleicht ist der Rhythmus langsamer oder sogar schneller, als Sie es bisher gewohnt waren. Sie werden auf jeden Fall wirkungsvoller werden und entspannter leben, wenn Sie Ihren Rhythmus gefunden und Ihr Leben darauf angepasst haben. Im eigenen Rhythmus leben ist Lebenskunst pur.

Erfüllung ist deine Entscheidung

ERFÜLLUNG IST DEINE ENTSCHEIDUNG

Ich verrate Ihnen jetzt etwas, was ich bisher kaum jemandem erzählt habe: Vor acht oder neun Jahren dachte ich zum ersten Mal ernsthaft darüber nach, ein Buch zu schreiben. Ich wusste auch schon, um was es sich drehen sollte: um Entscheidungen. Als ich mich dann auf dem Buchmarkt umsah, fiel mir das Buch von Reinhard K. Sprenger in die Hand: „Die Entscheidung liegt bei dir". Ich kaufte es, las es und dachte: ‚Der Mann hat genau das Buch geschrieben, das ich hatte schreiben wollen.' Ich finde das Buch auch heute noch richtig gut.

Für mein erstes Buch habe ich dann einen anderen Schwerpunkt gewählt – und „Gut, dass es dir schlecht geht" ist ein voller Erfolg geworden. Das Thema Entscheidungen war und ist mir jedoch nach wie vor ein wichtiges Anliegen, gerade im Zusammenhang mit Lebenskunst: Auch bei einem Leben in Erfüllung geht es zuallererst um eine Entscheidung.

Erfüllung for free?

In diesem Satz stecken gleich zwei Voraussetzungen für ein erfülltes Leben: Erstens brauchen Sie Klarheit darüber, was ein erfülltes Leben für Sie ausmacht. Schließlich brauchen Sie ja eine Vorstellung, WOFÜR Sie sich entscheiden.

Zweitens besteht jede Entscheidung aus nur einem einzigen JA – aber aus vielen vielen NEINs. Sie brauchen deshalb auch ein Bewusstsein dafür, WOGEGEN Sie sich entscheiden. Denn es ist unglaublich leicht zu sagen: „Ja, das will ich haben. Und das auch. Und das auch." Aber zu sagen „Okay, ich weiß, dass ich dafür auf etwas anderes verzichten muss", das ist gar nicht so leicht.

Stellen Sie sich zum Beispiel vor, Ihr Nachbar hat sich einen Porsche gekauft. Er hat sich damit seinen Jugendtraum erfüllt, er ist mit seiner Entscheidung selig.

Sie sehen diesen Porsche und denken sehnsüchtig: „Schon cool, so einen Porsche zu haben." Puh, jetzt müssen Sie sich entscheiden.

Erfüllung ohne Neid

Ist für Sie ein Porsche auch ein Stück Erfüllung? Ein so großes Stück Erfüllung, dass Sie es verschmerzen, dass Sie weiter zur Miete wohnen, weil Sie sich neben dem Porsche nicht auch noch die Eigentumswohnung leisten können? Dann kaufen Sie das Ding.

Oder wäre der Porsche zwar nett, aber die Eigentumswohnung noch netter? Auch gut, dann entscheiden Sie sich für die Wohnung und sagen Nein zu diesem Auto.

Die Kunst ist, zu den eigenen Neins zu stehen. Dann fällt es Ihnen nämlich nicht schwer, Ihrem Nachbar den Porsche weiterhin von Herzen zu gönnen.

Was ich damit sagen will:

Erfüllung losgelassen

Treffen Sie eine Entscheidung, welches erfüllte Leben Sie auch immer führen wollen, und stehen Sie dazu! Sonst torpedieren Sie Ihre eigene Erfüllung.

Es steht Ihnen selbstverständlich frei zu sagen: „Ach, eigentlich ist mein Leben ganz okay, so wie es ist. Ich brauche nicht mehr Erfüllung." Dann ist das eine Entscheidung. Aber dann lassen Sie den Traum vom erfüllten Leben bitte auch los: Dazu haben Sie ja dann Nein gesagt.

Auch Erfüllung hat ihren Preis.

Viele kommen aber gar nicht so weit, dass sie Nein sagen müssen. Weil sie nicht wissen, zu was sie eigentlich überhaupt JA sagen sollen.

Erfüllung by doing

Wenn Sie in die Buchhandlung gehen, finden Sie dort meterweise Lebensratgeber. In sehr vielen davon können Sie nachlesen, dass es unglaublich kompliziert ist, herauszufinden, was Sie wirklich erfüllt. Meiner Erfahrung nach geht das viel einfacher: Probieren Sie es aus.

Auf dem Sofa sitzen und warten, dass Ihnen die Erfüllung in den Schoß fällt – nein, das funktioniert nicht. Besser ist: Aktiv sein, rausgehen, testen, was Ihnen Freude macht. Sie erfahren beim Tun, was Ihnen wichtig ist, was sich für Sie wertvoll anfühlt, was einen Sinn für Sie ergibt. Sie werden es spüren!

Erfüllung macht Freude!

Mit Ihrer Erfüllung können Sie niemanden beauftragen oder es irgendwo nachlesen: Sie können sie nur selbst entdecken – und sich dafür entscheiden.

Volle Grösse statt halber Sachen

VOLLE GRÖSSE STATT HALBER SACHEN

Ich komme ja ursprünglich aus dem Leistungssport. Vielleicht liebe ich es deshalb so, wenn ich sehe, dass Menschen eine Aufgabe mit Herzblut angehen und sich ganz und gar darauf einlassen. Das ist eine wichtige Voraussetzung für ihren Erfolg. Aber nicht die einzige.

Ein Faktor kommt dazu, der total unterschätzt wird: Die Erfolgreichen waren auch in der Lage, ihrem Herzblut, ihrer Begeisterung und ihrer inspirierenden Kraft Ausdruck zu geben. Sie haben Wirkung erzielt.

Leider treffe ich ganz oft Menschen, die das mit dem Ausdruck nicht hinkriegen. Das tut mir richtig weh, das zu sehen, weil diese Leute viel mehr Potenzial haben, viel mehr Leidenschaft in sich, als die anderen erahnen.

Und das alles nur wegen eines Missverständnisses.

Nur kein Angeber sein?

Dieses Missverständnis klingt so: „Ach, ich muss jetzt nicht darüber reden, dass es mir gefällt und dass ich begeistert bin – die anderen sehen doch, dass ich voll dabei bin." Oder so: „Warum soll ich etwas darüber sagen? Es interessiert doch eh keinen." Oder: „Es gibt gar nichts, über was ich reden müsste. Was ich kann und tue, ist doch eigentlich nichts Besonderes. Ich will ja nicht angeben."

Oft nehmen diese Menschen ihre eigene Begeisterung und das, was ihnen Strahlkraft geben könnte, auch selbst nicht mehr wahr. Sie halten es für normal. Für selbstverständlich. Denn unsere Wahrnehmung und Wirkung passen sich mit der Zeit an. Wir werden kompatibel mit unserem Umfeld. Sind dort gewisse Dinge nicht gefragt, dann legen wir sie irgendwann ab. Wir können uns dann nicht mehr erinnern, was wir eigentlich alles könnten, wenn wir nur üben würden. Wir haben es vergessen.

Wenn Sie das Gefühl haben, dass es Ihnen genauso geht, habe ich eine gute Nachricht für Sie: Sie können Strahlkraft aufbauen. Zwei Knackpunkte sind es, die über Ihre Wirkung auf andere entscheiden.

Wahrnehmung und Wirkung

Der erste Knackpunkt ist Ihre Wahrnehmung: Sobald Sie anerkennen, dass Ihre Wahrnehmung aktuell durch allerlei Glaubenssätze beschränkt ist, steigen Sie in eine spannenden Entdeckungsreise ein. Was nehmen die anderen denn wirklich an Ihnen wahr? Und was nehmen Sie an den anderen wahr? Wie wirken Sie auf andere und wie wirken andere auf Sie? Ich hänge mich nicht zu weit aus dem Fenster, wenn ich Ihnen verspreche, dass Sie über Ihre Erkenntnisse staunen werden.

Der zweite Knackpunkt ist, dass Sie Ihr Wahrnehmungs- und Wirkungsrepertoire erweitern. Sie entwickeln ein Gefühl dafür, was Ihr Gegenüber braucht. Und können ihm kommunikativ das geben, was er braucht. Nur wenn Sie richtig verstanden werden, können Sie den Funken richtig überspringen lassen und zeigen, welches Potenzial in Ihnen steckt.

Die eigene Strahlkraft in der Wirkung wahrnehmen: Das macht Freude.

Es lohnt sich, an Ihrer eigenen Wahrnehmung und Wirkung zu arbeiten. Schärfen Sie Ihre Wahrnehmung, stärken Sie Ihre Wirkung! So können Sie endlich Ihr Potenzial zum Ausdruck bringen – in voller Größe, ganz ohne Stress.

INSPIRATION

GANZ FÜR
DICH

INSPIRATION GANZ FÜR DICH

Loch 14. Er schlug ab. Guter Schlag. Wir schauten beide dem Golfball, der sich in die Höhe schraubte, nach. Dann setzte ich das Gespräch fort, das sich um ihn und sein Unternehmen drehte.

„So richtig motiviert, was deine Arbeit betrifft, wirkst du aber nicht", sagte ich zu ihm. Und er gab zu, dass das Einzige, was ihm zur Zeit Spaß mache, wo er sich motiviert fühle, das Golfen sei.

Und was soll ich Ihnen sagen: Mein alter Bekannter befindet sich mit diesem Motivationsloch in guter Gesellschaft: In meinen Seminaren und Coachings begegnen mir immer wieder Unternehmer oder Führungskräfte, die sich trotz ihrer Erfolge nicht mehr für ihre Arbeit motiviert fühlen. Und die sich die Frage stellen: Warum ist das so? Was fehlt mir, um weiterhin motiviert zu sein? Soll ich etwas Neues anfangen?

Inspiration statt Motivation

Was fehlt, dem kommen Sie auf die Spur, wenn Sie den Begriff Motivation durch Inspiration ersetzen. Das ist ein sehr schönes Wort, das aus dem Lateinischen kommt. ‚Inspirare' heißt wörtlich übersetzt ‚einhauchen'. Und es bedeutet im weiteren Sinne ‚beseelen', ‚Leben einhauchen', ‚beleben'.

Und so sagte ich meinem Golfkollegen lachend: „Aber das ist doch schön! Du hast mit dem Golfen etwas, das dich motiviert. Ob es die Natur ist, in der du dich dabei bewegst, ob es das Nachdenken über den nächsten Schlag ist, ganz egal: Denn es inspiriert dich."

Aber was belebt uns? Was kann Sie beleben und inspirieren?

Dafür habe ich ein schönes Beispiel aus meiner eigenen Biografie. Meine Frau malt in ihrer Freizeit und holt sich beim Malen ihre Inspiration. Also dachte ich, als es mir eine Zeit lang nicht gut ging: ‚Na gut, dann malst du jetzt mal' und habe ein individuelles Coaching besucht, in dem ich mit den Händen malen und mir gewisse Fragen stellen sollte. Ziel: mit mir selbst in den Dialog kommen.

Ich bin nicht sicher, ob das Malen selbst etwas gebracht hat. Aber zusammen mit der Seminarleiterin habe ich herausgefunden, dass ich mich innerlich nicht lebendig fühle, dass mir die Lebendigkeit fehlt. Und so kamen wir auf die Idee, dass ich einen Brief an die Lebendigkeit schreibe. Genau über dieses Thema.

Das war echt out of the box. So etwas hatte ich vorher noch nie getan. Einen Brief über und an die Lebendigkeit zu schreiben. Aber ich habe mich – das ist an dieser Stelle sehr wichtig – voll darauf eingelassen. Ich habe einen Appell an meine innere Lebendigkeit geschrieben. Und es war eine sehr berührende, sehr befreiende und sehr inspirierende Erfahrung.

Motivation durch Inspiration

Warum konnte dieser Brief eine Inspiration für mich sein? Da sind zwei Dinge wichtig. Erstens: Ich habe etwas getan, nämlich diesen Brief geschrieben. Inspiration entsteht durch Tun. Zweitens: Ich habe etwas Neues getan, etwas, was ich noch nie gemacht hatte. Etwas Neues tun, das kann natürlich auch eine Reise sein an einen Ort, an dem Sie noch nie waren, ein Buch zu einem Thema zu lesen, mit dem Sie sich noch nicht befasst haben ...

Inspiration entsteht durch Tun.

Woher Sie Ihre Inspiration nehmen, bleibt ganz allein Ihre Sache, denn es geht nur um Sie und Ihre eigene Inspiration. Denn das ist das Schöne daran, dass Sie sich dabei um sich selbst kümmern, bei sich selbst sind und für sich Kraft finden – und Motivation. Und das Beste daran ist: Wer inspiriert ist, der wird zur Inspirations- und Motivationsquelle für die Menschen um ihn herum – für seine Freunde, für seine Familie, für seine Mitarbeiter. Ich sage immer: „Inspiriert euch selbst, dann inspiriert ihr andere!"

Und wie ging es mit meinem golfenden Unternehmerfreund weiter? Einen Monat nach unserem Golfspiel hat er mich als Coach gebucht. Das allein war für ihn schon etwas Neues, woran er vorher sicher nie gedacht hat. Auf der anderen Seite wusste ich, dass auch ich ihm im Coaching etwas Neues bieten, zu etwas Neuem verführen muss. Also haben wir uns auf Mallorca in einem Top-Golfclub getroffen: anderes Land, andere Kultur, anderes Essen, andere Eindrücke ...

Wir haben Golf gespielt, Ausflüge gemacht – und zwischendurch gearbeitet. Und er stellte auf diese Weise für sich fest, dass er, um seine Motivation wiederzufinden, Inspiration braucht. Und dass er dafür in Bewegung bleiben, den Rahmen ändern, Dinge neu denken muss. Und dass er sich dabei auf sich selbst konzentrieren darf und muss – um in seinem Unternehmen auch für andere zur Inspirations- und Motivationsquelle werden zu können.

Viel Klarheit für mehr Energie

VIEL KLARHEIT FÜR MEHR ENERGIE

„Sorgen Sie für mehr Klarheit!" Wenn ich meine Führungsseminare halte, fällt irgendwann immer dieser Satz, denn er ist für mich der wichtigste von allen. Gerne wird er von den Teilnehmern zuerst einmal missverstanden: „Ja, aber wenn meine Mitarbeiter mich einfach nicht verstehen wollen, wenn ich ihnen etwas klarzumachen versuche?"

Nein, es geht zuerst einmal darum, die eigene innere Klarheit zu finden, bevor Sie sich um die Klarheit nach außen kümmern.

Also: Sorgen Sie für mehr Klarheit. Aber wie?

Klarheit braucht Disziplin

Wenn ich immer wieder Coachees von mir frage „Wo siehst du deine Schwächen? Was gefällt dir an dir selber nicht? Was würdest du gern ändern?", haben sie immer eine Antwort darauf parat.

Sie wissen immer, was sie gerne ändern würden oder müssten. Und natürlich lautet die nächste Frage, die ich dann stelle: „Ja, und warum machst du es dann nicht?"

Die Antworten darauf sind klar. So ehrlich sind die meisten in meinen Coachings. Weil es ab diesem Punkt anstrengend wird. Weil mit dem Rauchen aufzuhören, weil regelmäßig Sport zu treiben, weil weniger Süßigkeiten essen schwerfällt. Und deshalb verfallen viele Menschen an diesem Punkt gerne wieder in Unklarheit: Ist es mir wirklich so wichtig, abzunehmen? Will ich wirklich auf das Feierabendbierchen verzichten? Immerhin geht es fast immer um alte, eingeschliffene Gewohnheiten. Wenn Sie die ändern wollen, brauchen Sie Selbstdisziplin. Bevor etwas Spaß macht, ist es Arbeit. Die braucht viel Energie. Und um die aufzubringen, brauchen Sie absolute innere Klarheit darüber, was Ihnen wirklich wichtig ist. Denn die verleiht Energie.

Klarheit ist Energie.

Klarheit ist für mich mehr als nur etwas Kognitives, mehr als nur ein Wissen darum, dass Rauchen ungesund ist und ich damit aufhören sollte. Klarheit ist viel mehr. Es ist eine Klarheit im Herzen: „Ich will das nicht mehr!" Sie kann mit einem Gefühl gekoppelt sein, mich mit mir selbst in Kontakt zu bringen.

Klarheit ist Freiheit

Wenn Sie ehrlich in sich hineinschauen und es auch aushalten, das anzusehen, was Ihnen dort nicht gefällt, dann können Sie auch sagen, was Sie wirklich ändern wollen. Sie können Ihren Kompass neu kalibrieren, können sich neu im Leben orientieren, haben die Freiheit, den Kurs einzuschlagen und einzuhalten, den Sie möchten. Die Klarheit verleiht Ihnen eine große Energie. Denn wenn Sie wissen, wo Sie hingehen wollen, dann setzen Sie die Kraft, die Sie haben, richtig und konzentriert ein.

Und wenn Sie Ihre Kraft richtig einsetzen und immer klar sind in dem, was Sie tun, dann strahlt diese Klarheit und Energie auch nach außen. Damit bin ich wieder bei der Frage, die meine Coachees aus der Führungsebene gerne stellen: Die Klarheit nach außen stellt sich ganz von selbst ein, wenn Sie innerlich klar sind. Klarheit hat etwas Starkes, Energievolles, Mitnehmendes. Sie hilft Ihnen, Ihre Ziele ins Auge zu fassen und im Auge zu behalten. Und wenn Sie als Führungskraft klar agieren, dann wissen auch Ihre Mitarbeiter, was zu tun ist.

Allerdings ist Klarheit finden eine Aufgabe, der Sie sich immer wieder neu stellen müssen. Es gibt da eine schöne Weisheit im Buddhismus, mit dem ich mich intensiv beschäftigt habe: „Vor der Erleuchtung ist das Leben Holz hacken und Wasser tragen. Nach der Erleuchtung ist es Holz hacken und Wasser tragen."

Klarheit ist nichts in Stein Gemeißeltes. Sie ist eine Einstellung, mit der wir durchs Leben gehen.

RUHE
UND ERFOLG
SIND
KEIN
WIDER
SPRUCH

RUHE UND ERFOLG SIND KEIN WIDERSPRUCH

John Lennon hat einmal folgende Anekdote aus seiner Kindheit erzählt: „Als ich fünf Jahre alt war, sagte mir meine Mutter immer, dass das Glücklichsein das Wichtigste im Leben sei. Als ich zur Schule ging, fragte der Lehrer mich, was ich einmal werden wolle, wenn ich erwachsen sei. Ich schrieb ‚glücklich‘ hin. Er sagte mir, dass ich die Aufgabe nicht verstanden hätte, und ich sagte ihm, dass er das Leben nicht verstanden hat."

Diese Geschichte drückt für mich sehr schön aus, was meiner Meinung nach ein erfolgreiches Leben ausmacht. Denn Erfolg haben heißt nicht: mein Haus, mein Ferrari, meine Yacht. Erfolg heißt nicht, dass Sie mindesten 60.000 im Jahr machen müssen. Erfolgreich sein heißt, etwas Bestimmtes zu verstehen …

Ruhe finden im Ehrgeiz

Erst kürzlich sprach ich in einem Coaching mit einem Unternehmer darüber, was Ehrgeiz mit uns macht. Und da fiel auch der schöne Satz: „Ich bin zufrieden damit, dass ich eigentlich nie zufrieden bin." So, wie er es sagte, verstand ich sofort: Es ging ihm bei dieser Aussage nicht um einen verbissenen Ehrgeiz, nicht um ein „um jeden Preis gewinnen wollen". Es geht darum, sich Ziele zu setzen, sie erreichen zu wollen – und einen Erfolg dann aber auch zu feiern. Nur dann versteht unser Gehirn: „Das war toll. Das können wir gern nochmal machen."

So gehen Ehrgeiz und Gelassenheit durchaus Hand in Hand. Ich vergleiche das gern mit einer Feder, die immer wieder zwischen Anspannung und Entspannung wechselt. Sie müssen nur – aber das ist wirklich ausschlaggebend – den für Sie richtigen Rhythmus finden. Denn dieser Rhythmus ist ganz individuell und Sie selbst definieren ihn, niemand sonst.

Ruhe finden im Erfolg

Es ist richtig, dass Sie sich Ziele setzen. Das müssen Sie sogar, denn wenn Sie sich kein Ziel setzen, können Sie auch kein Ziel erreichen. Sie können nicht überprüfen, ob Sie erfolgreich waren und sich dann auch über keinen Erfolg freuen und ihn feiern. Und das Schöne ist: Während Sie Ihr Ziel anstreben und sich dafür anstrengen, dürfen – ja sollten – Sie gleichzeitig ruhig und gelassen bleiben. Denn dann können Sie nicht nur den Erfolg, sondern auch den Weg dahin genießen.

Ich habe das früher falsch gemacht. Habe mich auf dem Weg ohne Unterbrechung abgestrampelt, mich angestrengt und mich erst am Ziel gefreut. Und ich weiß, dass ich in dieser Zeit tolle Menschen kennengelernt, tolle Erfahrungen gemacht habe – aber ich habe es damals nicht mitbekommen.

Deshalb genieße ich heute ganz bewusst auch schon das Unterwegssein. Und ich kann Ihnen dafür zwei Empfehlungen mit auf den Weg geben.

Was Erfolg ist, definieren Sie.

Mit Ruhe zum Ziel

Erstens: Erfolg ist relativ. Sie allein definieren ihn für sich. So wichtig die Frage für jeden Menschen ist, was er erreichen will, so unterschiedlich werden die Antworten darauf ausfallen. Aber wenn Sie darin die Klarheit für sich gefunden habe, die ich Ihnen im letzten Kapitel beschrieben habe, und dieser Klarheit diszipliniert folgen, dann werden Sie schon auf dem Weg zum Erfolg glücklich sein – und das ist für mich die eigentliche Lebenskunst.

Zweitens: Vergleichen Sie sich immer nur mit sich selbst, Ihre Erfolge nur mit dem, was Sie sich selbst vorgenommen haben! Wenn Sie sich mit anderen vergleichen, dann werden Sie zwangsläufig Zweifel an Ihrer Definition von Erfolg bekommen. Das macht Sie nur fremdbestimmt – aber nicht glücklich.

Es macht Freude, auf dem Erfolgsweg zu sein, solange Sie sicher sind, dass es IHR Weg ist.

EIN ZIEL MACHT SINN! NUR WELCHES?

EIN ZIEL MACHT SINN! NUR WELCHES?

Thomas tritt vor. Er trägt einen dunklen Anzug wie alle anderen. Thomas ist einer meiner ältesten und besten Freunde. Wir kennen uns schon seit der Schulzeit. Was ich an ihm schätze? Er ist sehr meinungsstark. Sagt immer, was er denkt. Gleichzeitig ist er ein guter Zuhörer, offen für andere Meinungen. Diese Kombination ist leider viel zu selten. Deshalb ist er mir wichtig.

Und jetzt hält er meine Grabrede. Was wird er über mich sagen?

Ziele sind keine Entscheidung fürs Leben

Es ist eine richtig geile Übung, die ich auch immer mit meinen Coachees mache: Schreiben Sie Ihre eigene Grabrede! Überlegen Sie sich, wer die Rede halten soll und was Sie sich wünschen, was er über Sie sagen wird.

Probieren Sie es einmal aus! Mit dieser Übung finden Sie heraus, wer Sie eigentlich sein möchten, was Sie erreichen möchten, damit Ihr bester Freund oder wer auch immer Ihre Grabrede halten soll, über Ihr Leben sagt: Es war ein gutes Leben. Die Übung hilft Ihnen, sich Ziele zu setzen.

Schreiben Sie Ihre eigene Grabrede!

Denn ich finde, es ist heutzutage sehr schwierig geworden, seine Ziele zu definieren. Wir haben so extrem viele Optionen, was wir machen können. Wir leben, was das angeht, im Land der unbegrenzten Möglichkeiten. Das ist sehr schön. Die Welt steht uns offen. Aber es ist auch verwirrend. Viele fühlen sich davon überfordert. Denn Sie wollen ja nicht irgendeine, sondern die richtige Option, das richtige Ziel wählen. Aber welches ist das?

Ich selbst bin mir nicht sicher, ob es für jeden wirklich DAS eine Ziel gibt. Für viele sicher: Wer einen Lebenstraum hat, wer schon von Kindheit an Meeresforscher werden wollte oder der nächste Einstein, für den ist alles klar. Da sind die Ziele abgesteckt.

Für alle anderen wird es schwierig. Weil sie einem Irrtum unterliegen: Sie denken, sich ein Ziel zu setzen, sei eine Entscheidung fürs Leben. Das ist es auch – aber anders, als die meisten denken.

Ziele sind eine Entscheidung zu leben

Ich persönlich habe mir auch immer Ziele gesetzt. Ich glaube, es ist wichtig, das zu tun, es macht Sinn. Aber ich habe im Laufe der Zeit gemerkt, dass es dabei nicht darum geht, dieses Ziel auf Teufel komm raus zu erreichen. Ich setze mir inzwischen Ziele, um loszulaufen, mich darauf zuzubewegen. Denn dann passiert etwas ganz Wunderbares: Ich beginne zu leben! So sind Ziele tatsächlich eine Entscheidung fürs Leben. Für Lebenskunst.

Natürlich will ich auch ankommen, erfolgreich mein Ziel erreichen. Aber ich setze mir zum Beispiel keine Deadlines mehr. Die machen nur Druck und nehmen die Freude auf dem Weg zum Erfolg raus.

Und wenn ich unterwegs feststelle: Mit meinem Ziel stimmt was nicht. Es ist nicht wirklich das, was ich will, dann ändere ich es oder lasse es vielleicht sogar ganz fallen.

Ziele setzen ist gut – Starrsinn nicht.

Aber ändern Sie Ihr Ziel nur dann, wenn Sie erkennen, dass es das falsche ist - und ändern Sie es bitte nicht, wenn der Weg dahin ein bisschen mühsam wird. Zum Erfolg gehört auch Selbstdisziplin. Loslaufen heißt auch: ankommen wollen. Und nicht, beim geringsten Widerstand aufzugeben.

Ein Ziel hilft Ihnen auf den Weg zu kommen. Und damit es IHR Weg ist, stellen Sie sich ein paar Fragen, bevor Sie Ihr Ziel definieren: Was will ich wirklich? Habe ich einen Traum? Was sind meine Stärken? Was sind meine Schwächen? Was passt zu mir?

Stellen Sie sich diese Fragen und dann: Gehen Sie los!

DEINE **KUNST** ZU LEBEN IST DEINE KUNST ZU **WIRKEN**

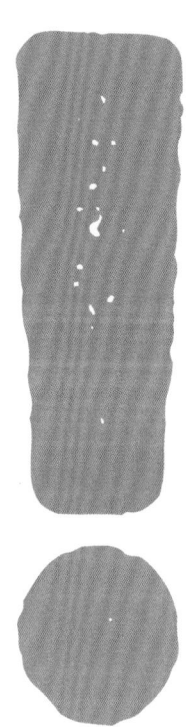

DEINE KUNST ZU LEBEN IST DEINE KUNST ZU WIRKEN

Vielfalt. Das ist es, was das Leben für uns bereithält. Und ich denke, Sie und ich, wir sollten diese Vielfalt nicht verschenken. Wir sollten alles daran setzen, diese Vielfalt mit Freude leben zu können. Leben kann ein solcher Genuss sein. Und ich möchte Sie dazu verführen, diesen Genuss voll und ganz auszukosten.

Was brauchen Sie dazu?

Die Kunst zu leben

Sie brauchen auf jeden Fall eines: Die Entscheidung, sich auf dieses Spiel einzulassen, was Leben bedeutet. Die Entscheidung: „Ja, ich will leben! Gib mir mehr davon! Mehr Erfahrungen! Mehr Dinge, die ich lernen kann! Mehr von diesem Gefühl der Lebendigkeit!"

Menschen, die eine solche Entscheidung mit Haut und Haaren getroffen haben, besitzen eine enorme Anziehungskraft. Sie strahlen Energie und Vitalität aus, sie haben diese ganz bestimmte, immens attraktive Gelassenheit an sich, die aus dem Vertrauen entsteht: Alles ist gut.

Solche Menschen nenne ich Lebenskünstler. Weil sie die Kunst beherrschen, aus ihrem Leben eine ganz und gar individuelle Kiste zu machen. Weil sie die Kunst beherrschen, ein erfolgreiches und erfülltes Leben zu führen.

Aber wie gelingt Ihnen das? In meinem Buch habe ich Ihnen hierzu viele Empfehlungen geben können und die Kunst, erfüllt zu leben, aus unterschiedlichen Blickwinkeln betrachtet.

Einen mir absolut wichtigen Aspekt möchte ich Ihnen aber an dieser Stelle ins Stammbuch schreiben: Das Spiel des Lebens ist ein Wechselspiel. Ein Wechselspiel zwischen innen und außen.

Ich betone das, weil dies so häufig vergessen wird.

Positive Selbstgespräche

„Was du denkst, das strahlst du aus, und was du ausstrahlst, das ziehst du an." – an diesem Spruch, der sich sicherlich in Abermillionen Kalendern weltweit in unzähligen Sprachen findet, ist eine Menge dran.

Was Sie über die Welt denken, Ihre inneren Überzeugungen, Ihre innere Haltung, strahlen nach außen aus. Es ist entscheidend, was wir über die Welt denken. Was wir denken, leben wir. Die „Art" (Kunst), wie Sie leben, hat enormen Einfluss darauf, wie Sie auf die Welt wirken.

Und so macht es Sinn, diesen Weg nach innen zu gehen: Bekommen Sie erst einmal heraus, was Sie denken, was Ihre Überzeugungen sind, arbeiten Sie an Ihrem Innen, dann können Sie an Ihrer Wirkung nach außen arbeiten.

Das ist der Weg der, wie ich das nenne, positiven Selbstgespräche. Schaffen Sie es, sich selbst gut zu kennen, Klarheit über sich selbst zu bekommen und einen guten Umgang mit sich selbst zu finden, dann wird alles gut ... Zum Beispiel indem Sie gelernt haben, mit Ihren eigenen Ansprüchen und den Ansprüchen von außen, umzugehen, die Kunst erlernt haben, nicht mehr so perfekt sein zu wollen. Zum Beispiel indem Sie erlebt haben, wie Sie mit Unsicherheit gelassener umgehen können.

Aber dieser Weg ist nur die eine Seite der Medaille und deshalb greifen die vielen Persönlichkeitsseminare, in denen Sie sich nur mit Ihrem Innen befassen, oft zu kurz. Das ist nur die Hälfte des Spiels eines erfüllten Lebens.

So tun, als ob ...

Die andere Hälfte ist die Wirkung nach außen.

Sie können nämlich auch im Außen etwas verändern. Zusammen wird daraus ein Schuh: Positives Selbstgespräch und Arbeit an Ihrer Wirkung ist das Wechselspiel, das wahre Lebenskünstler beherrschen.

Was verstehe ich unter dieser Arbeit an der Wahrnehmung und der Wirkung?

Ich war damals in der U-18 Nationalmannschaft bei einem legendären Länderspiel dabei. Meine Teamkollegen und ich waren megaaufgeregt, schließlich war das etwas Besonderes für Deutschland zu spielen.

Und in der Kabine vor dem Spiel hat unser Trainer Rainer Bonhof den entscheidenden Satz gesagt: „Tut so als ob ihr das jeden Tag erlebt." Er wollte uns Mut machen – und das funktionierte. Ich tat so, als ob es für mich das Normalste auf der Welt war, mal wieder ein Länderspiel für Deutschland zu absolvieren. Ich richtete mich körperlich auf. Ich ging so, als ob ich selbstbewusst wäre. Ich sorgte für einen konzentrierten Blick.

Und es passierten mehrere Dinge: Ich ging wirklich anders, als wenn ich unsicher gewesen wäre – und ich fühlte mich schließlich auch selbstbewusst und stark. Ich spürte, dass mein Gegenüber mich auch selbstbewusster wahrnahm. „Was sind das denn für konzentrierte Jungs!", so nahm ich das wahr.

Mein Rat für Sie ist: Machen Sie den Bonhof, trainieren Sie dieses Spiel, sozutun „als ob". Sie können trainieren, die Mimik zu verändern, Sie können den Blick ändern, Sie können trainieren, sicherer aufzutreten, z.B. indem Sie trainieren, Ihrem Gegenüber in die Augen zu sehen. Sie können an Ihrer Außenwirkung arbeiten – und dann merken Sie, wie das Feedback, das Sie erhalten, sich auf Sie selbst auswirkt, wie diese Wirkung im Außen in Ihrem Inneren Resonanz erzeugt – und Sie sich somit auch im Inneren verändern.

Die Kunst, Innen und Außen zu verknüpfen

Spielen Sie dieses Wechselspiel, so erlernen Sie die Kunst, ein erfolgreiches und erfülltes Leben zu führen.

Weil Sie alle Möglichkeiten nutzen, in einen guten Zustand zu kommen. Sie haben es selbst in der Hand, an Ihrem Inneren und an Ihrem "Außen" zu arbeiten.

Menschen, die ich als Lebenskünstler verstehe, kennen sich selbst sehr gut, sie kennen ihr Innenleben, wissen um ihre Überzeugungen, haben Klarheit über ihre eigene Wünsche, Sorgen, Ängste. Sie wissen aber auch, wie sie nach außen wirken. Und haben gleichzeitig ein sehr gutes Gespür für die Resonanz, die sie mit Ihrer Wirkung im anderen erzeugen.

Lebenskunst macht Glück!

Lebenskünstler sind wahre Könner der Kommunikation: sowohl im positiven, respektvollen, klaren Selbstgespräch als auch im positiven, respektvollen, klaren Gespräch mit ihren Mitmenschen. Sie verstehen, wie wichtig die gute Resonanz auf den verschiedensten Ebenen des Lebens ist. Sie verstehen sich auf die Kunst, gelassen energievoll zu sein – und eine Haltung, die auch das Gegenüber in seiner eigenen Energie lassen kann.

Lebenskunst macht Glück: Denn Lebenskünstler machen somit das eigene Leben als auch das Leben anderer bunter, erfüllter, sie steigern die Qualität ihres Lebens als auch des Lebens der Menschen, die ihnen begegnen.

Ihr
Stefan Reutter

Zum Autor Stefan Reutter

„Das Leben meint es gut mit mir! Ich aber auch!"

Mit dieser positiven Grundhaltung geht Stefan Reutter durch sein Leben. Aber nicht schon immer. Bis er diese Einstellung entwickelte, war es ein langer Weg ...

Als er kurz davor war, den Sprung zum Profifußballer zu schaffen, und dann eine Knieverletzung seine Karriere von heute auf morgen beendete – da dachte er: „Mein Leben ist vorbei."

Was wirklich vorbei war, das war das Leben als Profifußballer – was damit seinen Anfang nahm, das war eine Entwicklung, die Stefan Reutter heute als Entdeckung der Lebenskunst begreift. Ein Lebensweg, der von der Erkenntnis getragen wird: Persönliche Entwicklung verläuft nicht geradlinig und ist nicht angenehm. Doch auf Dauer macht sie Freude und Sinn!

Angehender Fußballprofi, Versicherungskaufmann, Skilehrerausbilder, selbstständiger Persönlichkeitstrainer, Mitglied im Club 55 – all das waren Stationen in seinem Leb en. Er war der Stefan aus dem beschaulichen Oberjettingen, einer kleinen Gemeinde im Landkreis Böblingen.

Heute bildet er Menschen aus, mal als Trainer in Seminaren, mal als Coach, Moderator oder Redner, als mehrfacher Buchautor. Er inspiriert und hilft ihnen dabei, das Beste aus sich herauszuholen. Sich mit Freude weiterzuentwickeln.

„Wenn ich auf diese Entwicklung zurückblicke, hätte ich damals in Oberjettingen nie gedacht, dass ich irgendwann hier landen würde und sein würde, wer ich heute bin. Ich muss Christoph Lichtenberg recht geben ..."

„Wir können das Leben eben nur vorwärts leben und rückwärts verstehen."

Lebenskunst lernen

Wie Sie gelassener werden und innere Erfüllung finden.
Das Seminar von Stefan Reutter

Eltern. Ehepartner. Berufstätige. Für viele Menschen sind diese Rollen im Leben kristallklar definiert. Also funktionieren sie. Sie sind für die Kinder da, bekochen liebevoll den Partner und auf der Arbeit geben sie immer 110 Prozent. Eine wirkliche innere Erfüllung spüren sie jedoch nicht. Und ganz plötzlich ist er da – der diffuse Wunsch nach etwas Neuem, der Wunsch nach mehr.

„Hören Sie auf, diese innere Stimme zu ignorieren und nehmen Sie sie ernst."

Stefan Reutter weiß aus eigener Erfahrung, dass Sie nur dann wirklich glücklich und zufrieden werden, wenn Sie einen Weg finden, das zu tun, was Ihnen wichtig ist.

In seinem Lebenskunst-Seminar geht der erfolgreiche Trainer und Autor gemeinsam mit Ihnen Ihren Wünschen und Sehnsüchten auf den Grund. Im kleinen Teilnehmerkreis erhalten Sie spannende Einblicke, wie Sie Ihre verschiedenen Facetten aufdecken und wie Sie durch das neu gewonnene Wissen zu mehr Erfüllung gelangen.

Sie können sich sicher sein, nach dem Seminar haben Sie Antworten auf die Fragen:

* Was soll ich in Zukunft machen? Soll ich in meinem Job bleiben oder nicht?

* Welche Rolle im Leben ist perfekt für mich geeignet?

* Wie werde ich gelassener?

* Was bedeutet die eigenverantwortliche Weiterentwicklung Ihrer einzigartigen Persönlichkeit?

- Wie finden Sie die entscheidende Balance zwischen Arbeiten und Leben?

Erfahren Sie hier auf der Homepage von Stefan Reutter mehr zu seinem Lebenskunst-Seminar. Erfahren Sie, wie Sie in Ihre Kraft kommen, um Ihre Zukunft erfolgreich zu gestalten und melden Sie sich gleich an …

„Wie wirke ich?
Und wenn ja, warum nicht?"

So überzeugen Sie mit Ihrer Ausstrahlung.

Das Wirkungs-Seminar von Stefan Reutter

„Wie wirke ich eigentlich?" Die meisten Menschen stellen sich im Laufe ihres Lebens diese Frage. Und in der Tat ist das eine absolut berechtigte Frage. Denn wer will denn nicht richtig verstanden werden? Mit einigen Menschen kommen Sie einfach nicht in Resonanz, während es mit anderen so unkompliziert ist.

Woran liegt das? Vielleicht daran, dass manche Menschen ganz einfach mit dem „gewissen Etwas" vom lieben Gott ausgestattet wurden und gesegnet sind und andere eben leider nicht?

Stefan Reutter weiß heute, dass Sie bei Ihrer Wirkung nicht auf den lieben Gott vertrauen brauchen, Sie haben es selbst in der Hand.

Denn die Hirnforschung zeigt, dass Sie an sich und Ihrer Wahrnehmungs- und Wirkungskompetenz arbeiten können. All die notwendigen Faktoren, die Sie hierfür brauchen, schlummern bereits in Ihrem Innern. Und mit dem Wirksamkeits-Seminar von Stefan Reutter holen Sie das, was Sie in sich haben, hervor.

- Nach dem Seminar punkten Sie mit Ihrer Ausstrahlung.

- Sie überzeugen Ihre Mitmenschen mit Ihrer Wirkung.

- Sie verbessern Ihre Menschenkenntnis und verfeinern Ihre Wahrnehmungsfähigkeit.

- Sie steigern die Qualität zwischenmenschlicher Begegnung und erhalten mehr Selbstsicherheit für Ihren Auftritt.

Bei seinem Seminar „Wie wirke ich? Und wenn ja, warum nicht?" geht es Stefan Reutter darum, Ihre Wahrnehmung zu schärfen, um so Ihre Wirkung zu stärken und Menschen zu gewinnen. Erfahren Sie hier mehr dazu ...

WER FRIEDEN WILL, MUSS STREITEN KÖNNEN!

Eine Aufforderung zur Political Directness

Die Political Correctness wahren, Buzzwords vermeiden, Tabuthemen umgehen – um ja keine Gesprächspartner vor den Kopf zu stoßen, in der heutigen Gesellschaft agiert kaum noch jemand authentisch.

Was die meisten dabei übersehen: Diese Harmoniesucht führt zu Hass, Spaltung und verdeckter Aggression – egal, ob in den Social Media, am Arbeitsplatz oder am Familienesstisch.

Stefan Reutter sagt: Schluss damit!

Er findet diese politisch korrekte, aber defekte Zwangsgemeinschaft jammerschade. Denn Stefan Reutter weiß: Es gibt nichts Positiveres als Streiten! Nur ausgetragene Konflikte führen zu Entwicklung, Fortschritt und gegenseitiger Akzeptanz.

Deshalb entwirft er in „Wer Frieden will, muss streiten können!" ein Gegenmodell, das zeigt, dass eine konfliktfähige Gesellschaft auf einer funktionierenden Streitkultur aufbaut. Hart in der Sache und direkt in der Kommunikation – dabei aber immer herzlich in der Absicht.

Endlich produktiv streiten – im Business sowie im Privaten – hört sich das nicht unglaublich gut an?

GUT, DASS ES DIR SCHLECHT GEHT!

Warum die schlimmsten Tage im Leben manchmal die besten sind

Wenn Menschen Schlimmes widerfahren ist – gesundheitlich, in der Partnerschaft, finanziell, im Job –, wenn Menschen verzweifelt sind, Angst vor der Zukunft haben, ihre Hoffnung verloren haben, über ein Ereignis im Leben nicht hinwegkommen, wenn sie erschöpft, verzagt oder am Boden zerstört sind, dann können Partner, Freunde oder Verwandte viel Gutes tun.

Zum Beispiel dieses Buch schenken.

Stefan Reutter war selbst schon mehrmals völlig am Boden – als eine Knieverletzung seine Fußballerkarriere abrupt beendete, just in dem Moment, als er auf dem Sprung in die Bundesliga war. Das war für ihn der absolute Tiefpunkt. Er glaubte damals, dass der Zug für ihn für immer abgefahren sei.

Heute ist Stefan Reutter professioneller Redner, gefragter Moderator und Interviewpartner. Im Rückblick sagt er: Auf lange Sicht wird nur derjenige erfolgreich, der in der Phase des Scheiterns am meisten Geduld bewahrt.

Insofern: **Gut, dass es dir schlecht geht!**

Mit diesem Augenöffner holt Reutter den Leser ab und hilft ihm, seine Krise so zu durchleben, dass er hinterher stärker ist als vorher. All das in einem ungewöhnlichen Ton: einfühlsam und liebevoll, aber ganz ohne Zuckerguss, sondern sehr direkt, bisweilen sogar hart.

Ein freundschaftlicher Tritt in den Hintern, der hilft, aus der Talsohle des Lebens wieder aufzustehen.

Impressum

Erscheinungsjahr: **2022**
1. Auflage
Copyright: **Stefan Reutter**

Umschlaggestaltung, Layout & Satz: **booyaka.design**
Verlag: **Stefan Reutter**
Printed in Germany
Produziert von: **Gorus Media GmbH**
Foto: **André Bakker**
ISBN: **978-3-98617-037-0**

Bibliografische Information der Deutschen Nationalbibliothek:
Die Deutsche Nationalbibliothek verzeichnet diese Publikation in der Deutschen Nationalbibliografie; detaillierte bibliografische Daten sind im Internet über **http://dnb.d-nb.de** abrufbar.

Gorus Certified Publication ist ein Qualitätssiegel für Bücher, die im Selbstverlag ihrer Autoren erscheinen. Es stellt für Sie, den Leser, die konzeptionelle, gestalterische und textliche Qualität sicher. Dafür wurde dieses Buch von einer Jury aus erfahrenen Buchprofis detailliert geprüft und nach den Qualitätskriterien bewertet, die die Unternehmensgruppe Gorus in jahrzehntelanger erfolgreicher Arbeit im deutschsprachigen Sachbuchmarkt entwickelt hat. Nur Büchern, die diesen Kriterien genügen, wird das Gütesiegel verliehen.
Weitere Informationen: **www.certified-publication.de**